Du même auteur

Te La porte est basse
ISBN 9782919390151
Essai de versification...
ISBN 9782953445695
Cotillons
ISBN 9782919390205
Donnez-moi la première lettre
ISBN 9782919390212
Les oiseaux du parfumeur
ISBN 9782919390168
Puissent les mots s'aimer avec la vie
ISBN 9782919390243
Treize desserts
ISBN 9782919390199
Tarot - gris et couleur
ISBN 9782919390250 et 9782919390267
Lignes brisées
ISBN 9782919390175
Muse à musique - volume 1
ISBN 9782919390298
Décomposition
ISBN 9782919390274
Muse à musique - volume 2
ISBN 9782919390328
Contes et extraits du Recueil de la Rose
ISBN 9781326508647
Chaque jour de Vénus
ISBN 9782919390304
Muse à musique volume III
ISBN 9782919390335

MUSE À MUSIQUE
VOLUME IV
POÈMES

MUSE À MUSIQUE
VOLUME IV

ISBN 9782919390380
©2016 M. KISSINE

Le Code de la propriété intellectuelle interdit les copies ou reproductions destinées à une utilisation collective. Toute représentation ou reproduction intégrale ou partielle faite par quelque procédé que ce soit, sans le consentement de l'auteur ou de ses ayants cause, est illicite et constitue une contrefaçon sanctionnée par les articles L. 335-2 et suivants du Code de la propriété intellectuelle.

"Les arts sont le plus sûr moyen de se dérober au monde ; ils sont aussi le plus sûr moyen de s'unir avec lui" Franz LISZT

C'EST BACH, L'INDISCUTABLE

C'est Bach, l'indiscutable
Qui s'invite à ma table
Aussitôt qu'un bon dieu
Dénonce les envieux
Qui dressent les chapelles
Pour la queue des prunelles.

C'est Vivaldi l'auguste
Qui sort de sa flibuste
En tirant ses canons
Par les quatre saisons.
C'est l'hiver qui nous frappe.
Jamais on n'y échappe.

C'est Marais le gambiste
Perruqué, sur la piste,
Perroquet de l'archet
Qui secoue les hochets
En bois pour la seizaine
D'enfants tenant sa traîne.

Classiques ou baroques
Les grands génies se toquent
Pour les promissions
Qui font leurs actions.
Depuis que le temps dure,
Ils font littérature.

Que l'oie donne sa plume
À l'aube qui s'allume
Et que chardonnerets,
Serins et roitelets
Psalmodient, sans mesure,
De nouvelles figures...

GRANDE ROUE

Qui part lentement arrive moins loin.
L'enfant, la tortue et l'escargot gris
Même la fourmi comme un point
Suivent leur infini.

Voulez-vous du grand, de l'épopée ?
Ça se voit mieux, c'est à bon prix,
Ça fait plus de bruit dans les assemblées.
Ça dure plus qu'une journée
Ça dure plus qu'une journée

C'est un vieux refrain : L'on place ses mains
Sur la grande roue qui tourne la boue
Du petit ruisseau ; moutons et sabots
Restent au bord de l'eau.

Attention : Dans le courant,
La force fait autant
De bruit que l'orage du ciel
Mais ce n'est pas son essentiel
Mais ce n'est pas son essentiel

Adieu le soleil, adieu cerf-volant,
Adieu les fables et les cœurs tremblants
Voyons ce qui reste avant de partir
Écoutons le zéphyr.

Parfois les jours, dès le matin,
Font aimer le chemin
Qu'on prend en se bouchant les yeux
C'est au passé qu'on dit adieu
C'est au passé qu'on dit adieu

C'est un vieux refrain : L'on place ses mains
Sur la grande roue qui tourne la boue

Du petit ruisseau ; moutons et sabots
Restent au bord de l'eau.

Attention : Dans le courant,
La force fait autant
De bruit que l'orage du ciel
Mais ce n'est pas son essentiel
Mais ce n'est pas son essentiel

Le refrain rouillé ne peut plus tourner
Quand la grande roue qui draine la boue
Du petit ruisseau chasse les oiseaux
Quand pourtant il fait beau.

Attention : Dans le courant,
La force fait autant
De bruit que l'orage du ciel
Mais ce n'est pas son essentiel
Mais ce n'est pas son essentiel

C'ÉTAIT UN POÈTE AUX CHAMPS

Il aimait se promener
Dans les prés
Il se plaisait à flâner
Dès l'été.
Pour toutes les fleurs sauvages
Et pour tous les papillons,
Il faisait de longs voyages
À l'écoute des bourgeons.

C'était un poète aux champs,
Très charmant,
Un rêveur impénitent,
Aspirant
Les couleurs et les fragrances.
Coquelicots et bleuets
Lui faisaient la révérence
Aussitôt qu'il approchait.

Il marchait bien lentement
Dans le champ.
Il allait très prudemment,
Nonchalant
Pour ne pas écraser celle
À qui son esprit rêvait
La discrète coccinelle
Sous les feuilles, qui marchait.

Ceux qui l'ont croisé parfois
Dans les bois
Ceux qui l'ont vu quelquefois
Par endroit
L'ont entendu, de mémoire,
Réciter aux hérissons
De merveilleuses histoires,
Et aux écureuils fripons.

Quand il avait bien marché
Dans les prés,
Quand il avait admiré,
Visité,
Toutes les beautés du monde,
Il s'assoyait sur un tronc,
Faisant de sa joie profonde
Un poème, une chanson.

Près de lui toutes les fleurs
En douceur,
Près de leur cher enchanteur
Plein de cœur,
Apprenaient la poésie
De la plus belle façon
Partageant leur ambroisie
Aux quatrains de la saison.

LANGUE DE FEU

Quand il parlait en Javanais,
J'écarquillais tant mes prunelles
Que grand-père me répétait
Ses voyelles.
J'aimais tellement ces nouvelles
Façons de dire des secrets
À la *cavocsavinavelle*
En reflets.

Quand le mystère fut élucidé,
Je cherchai
D'autres codes, peut-être personnels,
Surréels.
Grand-père, tu avais raison
C'était très bon.
Même cette jambe de bois
Faisait parfois
Plus d'effet qu'une enluminure, aussi
Moins de bruit.

Je m'amusais ; j'avais le cœur tout blanc
Des enfants.
Les étoiles, dans mon petit cahier
D'amitié,
Faisaient un ciel de trois fois rien.
Les anciens
Parlaient comme ils voulaient entre eux.
À leurs yeux,
J'étais peut-être une difficulté.
La bonté
Ne s'écrit pas en javanais, morbleu.

Quand il parlait en Javanais,
J'écarquillais tant mes prunelles
Que grand-père me répétait

Ses voyelles
J'aimais tellement ces nouvelles
Façons de dire des secrets
À la cavocsavinavelle
En reflets.

Le temps passa dont je n'écrivais plus
Le vécu
Comme une enfant qui craint d'être punie :
L'alchimie
Prit d'autres chemins inconnus.
Mon amie
M'entraîna vers la liberté.
L'absurdité
Du temps perdu révisa les leçons
Et les non
Furent gardés par la langue de feu.

Quand il parlait en Javanais,
J'écarquillais tant mes prunelles
Que grand-père me répétait
Ses voyelles.
J'aimais tellement ces nouvelles
Façons de dire des secrets
À la *cavocsavinavelle*
En reflets.

Tout finissait par des chansons

Quand Beaumarchais soulignait Figaro
D'une chanson finale,
Bon gré, mal gré, la censure des mots
Se calmait, libérale.

Tout finissait par un simple couplet
Que l'on pouvait reprendre
À l'unisson pour quitter un banquet
Sans plus se faire prendre.

La raison du plus fort charge ses canons.

C'est un usage en compagnie
Devenu suranné
Les hommes n'ont plus cette envie
De se laisser bercer.

Les propos officiels prennent le dessus
Pour la bonne raison qu'on n'ose chanter
À trois, quatre ou six voix, scander en canon
Les chants de liberté : Le *la* s'est perdu.

La raison du plus fort charge ses canons.

Les artistes au demeurant,
En se réclamant de Rimbaud,
S'éloignent des labours d'antan
Pour la colle et pour les ciseaux.

Les propos officiels prennent le dessus
Pour la bonne raison qu'on n'ose chanter
À trois, quatre ou six voix, scander en canon
Les chants de liberté : Le la s'est perdu.

Le théâtre d'actualité,
Pour conserver l'aide publique,
Met en scène les opprimés
De lointains pays exotiques.

Les propos officiels prennent le dessus
Pour la bonne raison qu'on n'ose chanter
À trois, quatre ou six voix, scander en canon
Les chants de liberté : Le la s'est perdu.

La raison du plus fort charge ses canons.

Mais ce qui signe le contrat
De vie ou mort, c'est un impôt.
Tout finit par l'alinéa
Des grands chapitres généraux.

Les propos officiels prennent le dessus
Pour la bonne raison qu'on n'ose chanter
À trois, quatre ou six voix, scander en canon
Les chants de liberté : Le *la* s'est perdu.

Quand Beaumarchais soulignait Figaro
D'une chanson finale,
Bon gré, mal gré, la censure des mots
Se calmait, libérale.

Tout finissait par un simple couplet
Que l'on pouvait reprendre
À l'unisson pour quitter un banquet
Sans plus se faire prendre.

La raison du plus fort charge ses canons.

Or, Messieurs la comédie
Que l'on juge en cet instant,
Sauf erreur, nous peint la vie

Du bon peuple qui l'entend.
Qu'on l'opprime, il peste, il crie,
Il s'agite en cent façons,
Tout finit par des chansons...
Beaumarchais - le mariage de Figaro

DES MINUITS OÙ TOUT S'ARRÊTE

« Les acteurs à l'écran, maquillés comme pour
Gagner, d'un parfumeur, le célèbre concours,
Loin de tout,
Peuvent faire carrière et monter tout en haut
De l'escalier de sang, vertige de l'ego
Pour les fous,
Cela me donne envie de lire Maupassant
Même si ce n'est plus en vogue maintenant
Par chez nous.
Sans doute ai-je rêvé de Zorro, de Robin
Des bois, pour accepter de n'avoir dans les mains
Pas un sou.

Mais je me souviens toujours
Des minuits où tout s'arrête
Et des crapauds dans les cours
Qui se frappaient à la tête.

– Comme vous comparez ces choses différentes !
Les contes et la vie n'ont pas les mêmes pentes,
Regardez :
  Le théâtre est écrit mais la vie ne l'est pas.
Ce n'est pas la raison qui glorifie cela
Du passé
Mais peut-être un besoin, que le cœur tient serré,
D'admirer quelque chose afin de s'exercer
À aimer.
N'en faites pas un malheur, un devoir de déni
Car chaque fois qu'on aime, un soleil infini
Va briller.

– Mais je me souviens toujours
Des minuits où tout s'arrête
Et des crapauds dans les cours
Qui se frappaient à la tête.

– Vos histoires de crapauds et vos minuits affreux
N'élèvent pas le cœur au niveau de vos yeux,
Loin de là...
Les fables ont donné librement à penser
Ce que les hommes font prête à les observer
Comme ça
Mais l'histoire s'écrit avec tant de retard
Qu'il faut y épargner les messages de l'art,
Leur chaleur,
Sinon, nous serions tous transformés en crapauds
De mille autres façons que ne raillait Perrault
L'enchanteur.

– Mais je me souviens toujours
Des minuits où tout s'arrête
Et des crapauds dans les cours
Qui se frappaient à la tête.

Certes, je reconnais que c'est l'agacement
De voir les braves gens s'enfermer librement,
Aveuglés,
Qui me fait fuir de là pour une autre forêt,
Pour un autre soleil, pour un autre projet,
Initié
Par l'envie de construire un monde plus humain
– Croyez-vous l'inventer, ce nouvel incertain ?
– En tout cas,
J'aime le lendemain, je veux y voir grandir
Les enfants conquérant un meilleur avenir.
C'est cela.

Mais je me souviens toujours
Des minuits où tout s'arrête
Et des crapauds dans les cours
Qui se frappaient à la tête. »

Tout est...

[Refrain]
Savez-vous planter "Tout est"
À la place
À la place
Savez-vous planter "Tout est"
À la place qui nous plaît ?

Pour les croyants, tout est simple :
Tout est Dieu et Dieu est tout
Les autres, ce sont des fous
Pour les croyants, tout est simple.

De même, les initiés
Disent que tout est symbole,
Un morceau que l'on recolle
Sur un immense échiquier.

Pour les savants, la culture
Est un tout très haut placé
Mais vint la spécialité
Gonfler sa littérature.

On isola le savoir
De la bonne connaissance.
La morale, par essence,
Abomine les trous noirs.

Les amis de la nature
Plantent leur tout dans les champs,
Soignent les fleurs au printemps.
Tout est dans l'agriculture.

Les artistes voient le tout
Dans leur œuvre créatrice,

Éternelle annonciatrice.
Par leur art, tout est partout.

Et les comédiens, eux-mêmes,
Pour le tout-théâtre, sont
Ce qui sort de sa prison
Le vif esprit que l'on aime.

Le forum à leur avis
Se range avec bonhommie
Tout, ici, est comédie,
Du début vers l'infini.

Pour les sages et les maîtres,
Tout est dans l'instruction
Dont jamais, par passion,
Ils ne se laissent démettre.

Pour les couples amoureux,
Tout est joie, tout est caresse,
Tout est sentiment, promesse,
Tout est multiple de deux.

Pour le tout arithmétique,
On forme des bataillons
De nombres, combinaisons,
Pour le tout mathématique.

Pour l'armée, tout est métal,
Arme à feu, bombe atomique.
La grande roue stratégique
Tourne à un rythme infernal.

Pour les marchands de canons,
Tout est la diplomatie
Car lorsqu'elle a des envies,
Le tout est pris de frissons.

Pour les chercheurs en chimie,
Tout est particule, aux fins
De classer, voyant demain,
Le vivant et sa folie.

Tout est loi, pour les élus,
Sur les bancs parlementaires
Tout est politique, affaires,
Le silence est tout perdu.

Tout, parfois, est arbitraire
À la place qui nous plaît.
Tout possible est ce qui naît
Tout malin sait comment faire.

Tout est séparation :
Quelle horreur, ma bonne dame !
Pour un caillou qui s'enflamme
Ô silex, damnation !

Savez-vous planter "Tout est"
À la place
À la place
Savez-vous planter "Tout est"
À la place qui nous plaît ?

C'est facile

Le rêve, c'est facile,
Et puis c'est inutile
Comme l'art, la beauté
Quand il faut s'en passer.
Le temps est moins docile,
Volage au domicile
Ainsi que papillon
Dans l'arbre de saison.
Le hasard, sans mémoire,
Raconte des histoires
Terribles dont l'effroi
Ferait perdre la foi
Contre une fausse alliance
Pour rester dans l'ambiance.
Les hommes sont ego
Les rois et les chevaux.

[Refrain]
Faites passer la monnaie
Écoutez la chanson gaie
Qui est passée par là
Qui sait ce que sera
Demain. Quelle platitude immense !
On ne dira pas ce que l'on pense
Afin de rester sur le quai
Comme un panneau, bien droit, discret...

Puisqu'ici rien ne dure,
Faisons bonne figure
Aux regards, aux miroirs
Qui n'aiment pas le noir.
La méthode est connue,
Facile, convenue.
Un pas sur le côté
Mais ne pas déraper

Sur l'asphalte verni
De nos chemins fleuris.
La chance ne s'enfuit
Pas loin, pendant la nuit :
Mettons la patience
Au point de conscience
Et la suite viendra
Sitôt qu'il lui plaira.

La campagne à la ville,
En rêve, c'est facile.
L'amour, en un éclair,
La fin du grand hiver,
Le soleil des caresses
Qui tiendra sa promesse
Et puis les sentiments
Éternels d'un instant...

Rien n'est facile comme
Ignorer son royaume...
À l'oubli quotidien,
Ce qui ne sert à rien
Tourne la clé rouillée
D'une porte fermée
Puis on se tourne ailleurs
Girouette du cœur
Qui n'a de préférence
Que le jour des vacances.
Allons, pelles et seaux,
Cueillir les bigorneaux
Le cul par-dessus tête
En attendant la fête
Annoncée pour ce soir.
Le rêve est un couloir.

Ariane, bonne fille,
Enfile son aiguille

Et brode en attendant
Qu'on sorte vaillamment
De ce grand labyrinthe.
Nul soupir, nulle plainte.
On comprend assez tard
Le sens de ce bazar
Alors on rit, on chante
En dévalant la pente
Pour la bonne raison
Que la roue tourne en rond
La peur est inutile.
La peur c'est trop facile.
Alors on chante, on rit,
Pensant aux biens acquis...

Faites passer la monnaie...

RIEN QU'UNE JOURNÉE

Rien qu'une journée
Compliquée
C'est toute ma vie, rien qu'un instant
Pour comprendre ça j'ai mis du temps
Mieux vaut en rire, finalement.

Les choses qui passent
Dans l'espace
Laissent une trace que l'on met
Au fond d'un tiroir mais le regret
Vient tardivement, insatisfait.

Rien qu'une journée
Démodée
Qu'on peut oublier facilement
Quand on perd la face,
Qu'on se lasse.
Le cœur se fatigue, il fait semblant.

Rien qu'une journée
Chiffonnée
Par les ailes des moulins à vent,
Rien qu'une seconde
Dans les ondes
C'est si peu, devant un ouragan.

Quand tout est fragile,
Difficile,
Il vient, au crépuscule du soir,
Un relâchement, entre l'espoir
Et l'instinct qui garde son pouvoir.

Car les apparences
Ne compensent
Jamais l'autre face du miroir.

Qu'on dise bonjour ou bien bonsoir,
Le vrai n'est pas si facile à voir.

Un petit voyage
Fait mirage
Aux yeux fatigués par le soleil,
Marqués par les anciennes images.
Le vivant défie les appareils.

Parfois la personne
Devient bonne
Après que la mort a décidé
Qu'elle se repose
Sous les roses.
Parfois le contraire est exaucé.

Parfois autre chose,
Se propose
Et la pensée chemine contre les vents
Dont la vie résiste au tout puissant
Règlement des jours sur les cadrans.

Si vite passée
La journée
Contenant le pire et le meilleur
Comme la coupe des mains en cœur
Vidée par la soif, emplie de pleurs

Tout ce qui résonne
Quand il tonne
Fait le jeu néfaste de la peur
Mais une journée
Accoutumée
Précède la veille sans erreur...

LE CHANTEUR DE CHARME

C'est un vieux chanteur de charme
Qui reconnaît bien les yeux
Timides qui le désarment,
Au temps des jours heureux

Mais il a laissé sa place
Dans le cœur des jeunes gens
Il offre sa dédicace
À l'amour, au printemps

C'était hier,
Une robe légère...
C'est fabuleux,
Chaque début d'une histoire
Toi, moi, nous deux,
Des prénoms sans mémoire...
N'ai-je aimé que pour plaire ?

Et sur la piste de danse,
Un murmure frais, intense,
Ses deux lèvres qui se penchent.
Que c'était bon, hier...

L'amour et la mélodie
Auraient inventé l'enfer
S'il n'y avait eu l'hiver,
Ô terrible accalmie...

C'était hier,
Une robe légère...
C'est fabuleux,
Chaque début d'une histoire
Toi, moi, nous deux,
Des prénoms sans mémoire...
N'ai-je aimé que pour plaire ?

Se croit rebelle

Ma liberté de penser
Se croit rebelle,
Son vêtement mal taillé
Comme poubelle,
En contrebas d'elle-même
Dont elle observe
Sa triste image blême
Qui, tant, l'énerve.

Elle cherche sa nature
À travers tout ce qui dure
Et sa triste poésie
Frôle bientôt la folie.
La lumière étincelante
Entraîne sa vie absente
Dans une spirale folle.
Elle n'a plus de boussole
Plus de goût
Plus du tout.

Ma liberté de penser
Fait des bavures
Des sons, des absurdités.
Son écriture
Écorche la joie de vivre
Sur les parvis symboliques
Mais elle n'est jamais ivre.
Sa morale est hystérique.

Elle cherche sa nature
À travers tout ce qui dure
Et sa triste poésie
Frôle bientôt la folie.
La lumière étincelante
Entraîne sa vie absente

Dans une spirale folle.
Elle n'a plus de boussole
Plus de goût
Plus du tout.

Le temps s'en moque

Nous aurions pu davantage
Faire ensemble des voyages
Jusqu'au centre qui n'existe pas
Autrement qu'en harmonie
Nous aurions vécu la vie
Sur un nuage qui n'est plus là
Mais avec des si, la ville
Nous fait prendre pour asile
En Espagne, une vieille casbah.
Nous aurions pu davantage
Inventer d'autres images

Le temps s'en moque. C'est comme ça

Je ne sais comment le dire
Mais quelque chose soupire
Et mon cœur tremble plus fort qu'avant.
C'est encor la nostalgie
De la douceur infinie,
Comme un reflet gris des sentiments
Dans la discrète surface
De nos pupilles, qui passe
Avec les larmes d'enfants
Que, plus jamais nous ne sommes,
Dans nos erreurs, autonomes.

Le temps s'en moque. C'est comme ça

L'amitié s'enflamme
Et croit tout gagner.
Elle perd son âme
Et sa vérité
Mais la route est belle
Aux pas amoureux.

La chance infidèle
Attise le feu.

Mais rien n'avait d'importance.
On aimait tout sans nuance
Avec la naïveté du printemps
Et tous nos châteaux de cartes,
Jusqu'à ce que l'été parte,
Étincelaient de bons sentiments.
L'histoire jouait avec
Ses trois flèches de bois sec
Et son arc au ciel d'argent.
Il fallait de la prudence
Pour sortir de cette enfance.

Le temps s'en moque. C'est comme ça

Nous n'avons pas fait un drame
De ces légendes infâmes
Dont la morale faisait son pain?
Pour la raison suffisante
Qu'il fallait gravir la pente
Entre hier, dépassé, et demain.
On n'invente des prières
Qu'à l'heure des cimetières.
Ce qui nous arrive est incertain
Mais la force qui décide
Se dresse contre le vide.

Le temps s'en moque. C'est comme ça

Fin des bavardages.
Plus de caramels
Plus de pot de miel
On n'avait plus besoin du ciel
Sur les étalages
Il fallait gagner.

L'envie d'exister
Ne peut s'acheter.

Je regarde à la fenêtre
Et me rappelle peut-être
Assez pour ne rien en regretter.
Le pouvoir des souvenirs
Parfois, fait encor souffrir.
On lutte pour plus d'inconscience.
C'est une erreur incroyable.
Plus personne, à cette table
Pour accompagner le moindre geste.
La blessure à l'intérieur
Lance au monde supérieur
Un volcan d'émotions. C'est ça,
Ma blessure au fond du cœur
Ne saigne qu'avec la peur.

Le temps s'en moque. C'est comme ça

FAIRE ENSEMBLE UN VOYAGE

Allons-nous
Faire ensemble
Un long voyage ?
Contre nous,
Le sol tremble
Est-il plus sage...
Il est grand,
Nous, petits.
Voici l'histoire
Et le temps
Infini
Perd la mémoire...
Échappons-nous des prisons
Qu'on invente, compagnons,
De peur de briser l'harmonie.

Le cœur
Fait fleur
De toutes nos folies.

Lentement,
Prenons place
Dans l'univers.
Le présent
Ne dépasse
Jamais qu'hier.
Soyons fous,
Un moment,
Fous de vie,
D'envie.
L'amour est court
Et le temps
Parfois, autour,
S'égare, nonchalant.
Voici

La limite de l'équilibre.
À cet instant, nous sommes libres,
Preuve que tout peut advenir
Sitôt qu'on aime l'avenir
Avec raison,
Avec cœur,
Passion,
Bras en hauteur,
Non ?

Violons
Qui endormez l'enfant, chaque soir,
Violons,
Dans le lit de l'amour
Emportez
Sur un tapis de soie rose et noir
Enchanté
Le poids de l'oubli du passé
Dans l'azur.

Le cœur
Fait fleur
De toutes nos folies...

Premières mesures de la symphonie n°40, K 550. MOZART

NE PLEUREZ PAS

Ne pleurez pas.
Je n'y crois pas.
Non, pas la peine.
Le temps entraîne
Tout loin de soi
La haine

La comédie
N'est pas finie.
D'autres matins
Pleins de folie,
Des yeux, des mains,
La vie...

Le temps des fleurs
Dure un été.
Cela s'écrit
Dans l'infini,
Pas dans les pleurs

Les papillons
Sont vaporeux.
Les jours heureux
Sans y penser.
C'est leur façon
D'aimer.

C'est maintenant
Que j'ai du temps
Sur la balance
De l'importance
Mais c'est léger,
Passé...

Pour le comprendre,
Il faut creuser
Sa vérité.
Bientôt la cendre
Va s'envoler...

Ce que j'espère
Est enfermé
Dans un coffret.
C'est le secret
De ma terre.

Ne pleurez pas
Sur votre état
Piteux.

Ne pleurez pas.
Je n'y crois pas.
Non, pas la peine
Le temps entraîne
Tout loin de soi
La haine.

POIDS ET MESURE

Parmi les nombreux poids qui brisent nos épaules,
C'est celui de l'aveu qui nous pèse le plus.
Il nous fait trébucher sitôt que l'on nous frôle.
C'est une vie entière avec le superflu.

Pour s'en débarrasser, le choix, fort difficile,
Oblige à s'oublier. La théorie, la foi
Se combattent souvent. Voleur n'est pas servile.
La conscience veut que l'on se tienne droit.

[Refrain] Dans le moteur, il faut toujours
Un carburant, mon cœur, qui passe
Dans la machinerie des cours.
Puis tout disparaît dans l'espace.

Au secours de l'aveu vient le poids du mensonge,
Avec toute sa force, avec ses vieux outils.
Il fait gonfler les mots comme l'eau dans l'éponge.
Il porte un masque blanc et sa lèvre sourit.

Changeant de sens avec le vent qui le transporte,
Il promet un pont d'or à qui le construira.
Quand les matériaux arrivent à sa porte,
Il oublie sa promesse et son certificat.

[Refrain]

Le mensonge écroué, c'est le poids du silence
Qui poursuit son travail en toute impunité.
Il passe n'importe où, jouant la transparence
On lui donne en cadeau des libéralités.

Il préfère souvent l'endroit de la prière
Et l'ombre des forêts pour s'y remémorer

Les moments de bonheur et les joies singulières
Dont on ignore encor' toute la vérité.

[Refrain]

Poupée

Petite fille,
Tu veux être poupée...
Sais-tu pourquoi
Une poupée ?
Elle est belle et elle est jolie
Si jolie
Si jolie
Mes vêtements seraient d'une princesse
Et mes cheveux, comme d'une déesse
Seraient coiffés de la couronne blanche
Des anges.

Petite fille,
Tu veux être une dame...
Mais qu'est-ce donc,
Être une dame ?
C'est une fée que l'on respecte,
Secrète,
Discrète.
J'habiterais la forêt des mystères.
Mon écureuil m'élèverait de terre
Aussitôt qu'on attaquerait ma place.
Grimace...

Petite fille,
Tu veux être colombe.
Mais sans ses ailes,
Comme elle tombe...
J'en trouverais, en poésie.
C'est ma vie,
Mon envie.
Je volerais au-dessus des nuages.
Là-haut ne sont que jolis paysages.
Les papillons me parleraient des roses
Qu'on ose.

C'est mon idée,
Mon chocolat d'amour...
En voulez-vous ? C'est un cadeau magique :
Il est plus grand que les présents classiques,
Logiques...

GÉNÉRATIONS

Le vieil homme ressasse
Interminablement
Les histoires qui passent
De ses parents.
Souvent il nous lasse.

En bas de notre rue,
La jeunesse vit
Et danse à notre vue
Sur un rythme infini
Des chansons inconnues.

Le père gronde :
« J'ai vu tant de choses immondes
Que je ne peux pas regretter
Ce temps passé.
J'étais jeune comme vous,
Aussi fougueux et fou.
Dansez, enfants, la terre est ronde... »

J'entendrai toujours
Le vieux répéter
Sa messe en mineur :
« Les branches de l'arbre se croient
Toutes meilleures qu'autrefois.
Suivez le cœur.

Tous les enfants, pour grandir,
Ont envie de désobéir.
Mon fils, tu es bien comme moi,
Saute cette barrière en bois.
Il y en a tant à gravir. »

Bouche fermée, la mère chante
Une berceuse qui m'enchante.

Sa mélodie sans paroles
La montre comme absente.
On rentre de l'école.
Assise, elle est attente.

« Tu as l'air triste, pourquoi ?
Cette belle romance
Ne nous dit pas un mot. Pourquoi ? »
Ô petite espérance...

« J'ai tant rêvé, petite fille
Et ça me fait un peu souffrir
Quand j'y repense.
Je n'ai jamais pris la Bastille.
Tu garderas ce souvenir
Quand tu entreras dans la danse.
N'oublie pas d'être toi-même.
Après carême
Aucune mère ne revient.
Choisis bien, avant de partir. »

Ont-ils vécu les mêmes choses
Avec des espoirs différents ?
Les vieux parents
N'ont pas cueilli les mêmes roses
Dans le jardin.
Les épines d'hier nous piqueront demain.
Qui l'amour, qui la survie,
Tout est bon à garder,
Tout est devant.
L'amour nous garde de la vie.
Si seulement...

Librement inspiré de la chanson "N'oubliez jamais"
de Joe Cocker

NOM COMMUN

L'amour porte un nom commun,
C'est nous.
Facile mais pas certain
Du tout :
Les prophètes, les voleurs,
Marchands de porte-bonheur
Sont prêts à couvrir d'honneur
Les fous.

Qu'il est difficile de
Nommer
Tantôt l'un, tantôt le deux,
Couplé,
Parfois même un idéal,
Un prodige original,
Ou même, à l'état final,
Le blé.

Pour définir le senti
Vraiment,
Il faut jeter le déni
Du vent,
S'écarter des vieilles lois
Qui nous dictaient autrefois
En tout, d'obéir au roi
Présent.

La révolte ne suffi-
Sant pas
Ni l'ex-voto défini :
Vivat,
Dans les livres, nous cherchons
Les images, les canons,
Du sol jusques au plafond,
Béats.

La liste promet au cœur
Aimant,
Tout le pire et le meilleur
Moment.
Comment faire pour choisir
À l'amour, un avenir
Créant, comblant le désir
Vivant ?

L'amour porte un nom secret,
Le bien
Dont il ne montre jamais
Les liens.
Que pouvons-nous inventer
Pour un jour, le couronner
De roses et de lauriers,
De riens ?

VIVRE D'AMOUR

Juste après la guerre,
On pleurait au ciné
En voyant, misère
Les hommes prostrés,
Fous d'amour, si fous
Prêts à mourir d'aimer
Jaloux

Dans le mélodrame on se plaisait,
Sachant que tout ça n'était pas vrai.
Les femmes pleuraient dans leur mouchoir,
Discrètement
Elles aimaient ce désespoir
Des beaux amants
Aux cheveux si bruns et gominés.
Les hommes voulaient leur ressembler
Et tous les couples en grand secret,
Au fond de la salle, se resserraient.

Les yeux tout rougis
Se fermaient avec grâce.
Tout était fini.
L'amour prenait, dans l'espace,
Une belle ampleur,
Dans les cinémas gris
En fleur

Dans le mélodrame on se plaisait,
Sachant que tout ça n'était pas vrai.
Tous les amoureux, les samedis,
Avaient rendez-vous dans leur abri
Pour un mélodrame qui leur plaisait,
Sachant que tout ça n'était pas vrai.
Tous apprenaient à vivre d'amour
Après le jamais venait le toujours.

MUSIQUE, SOLEIL

[Refrain] Musique, soleil sur la piste
Musique et soleil
Musique, soleil sur la piste
Musique et soleil

Nous avons assez travaillé
Robes fleuries, chemises claires
Sur la grand place, allons danser
C'est la meilleure des affaires

[Refrain]

Tous nos amis sont arrivés.
Les amoureux paient les trompettes,
Les congas et les chekerés
Pour la parade et pour la fête.

[Refrain]

Tout porte à rire et à chanter
Le rythme entraîne la jeunesse
Ça ne pourra pas s'arrêter
Vive la danse et l'allégresse

Musique, soleil sur la piste
Musique et soleil
Musique, soleil sur la piste
Musique et soleil

PÂQUES

Les bonnets blancs ramassent les œufs d'or
Dans le jardin tranquille
Et les bonbons qui s'y cachent encor
Sous les coucous fragiles.

Les grands-parents, leur panier à la main,
Rient à chaque victoire.
On se dépêche : Il fait froid ce matin,
Trop pour la balançoire.

Les petits ont nez rouge et lèvres chocolat !

Des poissons bleus et des lapins
Feront de bons goûters de fête,
Les canetons et les poussins,
Comme dessert, chez Maminette.

Les Pâques, cette année, sont un vrai régal.
Les jeunes polissons ont tout ramassé
Dans le jardin magique et c'est idéal :
Pour une fois le chien, lui, n'a pas chassé.

Les petits ont nez rouge et lèvres chocolat !

Quand on rentre dans la maison
Les bras chargés de sucreries,
Ça sent si bon, ça sent si bon
Dans la cuisine, ô douce envie.

Les Pâques, cette année, sont un vrai régal.
Les jeunes polissons ont tout ramassé
Dans le jardin magique et c'est idéal :
Pour une fois le chien, lui, n'a pas chassé.

Pour les petits, grand-mère a fait
Du jambon et des coquillettes
C'est meilleur que le poisson frais
En "pas chocolat" et tout bête.

Les Pâques, cette année, sont un vrai régal.
Les jeunes polissons ont tout ramassé
Dans le jardin magique et c'est idéal :
Pour une fois le chien, lui, n'a pas chassé.

Les petits ont nez rouge et lèvres chocolat !

 La vérité, pour les enfants,
C'est une gourmandise
En sucre d'orge rose et blanc
Et ronde comme une cerise.

Les Pâques, cette année, sont un vrai régal.
Les jeunes polissons ont tout ramassé
Dans le jardin magique et c'est idéal :
Pour une fois le chien, lui, n'a pas chassé.

Les bonnets blancs ramassent les œufs d'or
Dans le jardin tranquille
Et les bonbons qui s'y cachent encor
Sous les coucous fragiles.

Les grands-parents, leur panier à la main,
Rient à chaque victoire.
On se dépêche : Il fait froid ce matin,
Trop pour la balançoire.

Les petits ont nez rouge et lèvres chocolat !

SUR LA LUNE

Au temps des livres d'images
Si sages,
L'on possédait seulement
Le temps
Et, sans le savoir, d'ailleurs,
On dessinait une fleur
Sur la lune. C'était peu,
Si peu.

Dans le rituel fataliste
Et triste,
On apprenait le bon geste
Qui reste
Après qu'on a recouvert
Printemps, étés, par l'hiver.
On apprenait le silence
Intense.

L'œuvre dans sa couleur grise,
Soumise,
Suivait le trait magistral,
Fatal
Reflétait l'obéissance
Et l'esprit, par somnolence,
Allongé, fermait les yeux,
Les vœux.

De l'époque académique,
Antique,
On n'a comme souvenir,
Soupirs,
Qu'un puits de silence éteint
Par l'autorité, la main
D'un maître autoproclamé,
Buté.

L'histoire souffrait d'un mal
Banal
Mais le fond faillit périr.
Choisir
Devenait comme un blasphème
Au grand dam de ceux qui sèment
À tous vents leur simple grain
Bénin.

Cela dura tellement
Longtemps
Que la mémoire perdit
L'abri
Nécessaire à l'allégresse.
Au loin, la délicatesse
Étouffait ses sentiments
D'enfant.

Puis le soleil se leva
Là-bas
Après l'orage, la peur,
Les pleurs,
Ce fut extraordinaire,
Incroyable, sur la terre
De revoir les gestes lents
D'avant...

Mais ils étaient limités,
Bridés,
Comme sortant des prisons
Sans fond
Et les mots n'osaient sortir
Dans la joie de l'avenir,
Vers l'émotion d'un jour
D'amour...

Combien faudra-t-il encor
D'efforts
Pour qu'enfin la liberté
D'aller,
De penser et de bâtir
Naisse des brûlants désirs
Dont l'homme, à l'infini,
Grandit ?

L'ALPHABET DE MOZART

Pour l'alphabet
Qu'on récitait au temps des jeux innocents,
Rien n'était plus étonnant,
Rien n'était plus étonnant
Que d'arriver gagnant
Sans connaître son secret.

Et les enfants marionnettes,
Aussi vifs que les éclairs,
Répétaient sur le même air
Les lettres les plus discrètes.
Ça ne voulait rien dire, mais quelles voix !
On pouvait recommencer
On pouvait recommencer
Sous la baguette levée
Tout l'alphabet à la fois.

RÔLES FABULEUX

Dedans ses albums de vieux clichés,
Son terrible amour inachevé,
La danse, le jeu,
Rôles fabuleux,
Le grand âge voit le disparu
De sa vérité qui ne vit plus

Des jupes fleuries, corsages blancs
Sur la scène des beaux sentiments
On y reconnaît
Le printemps qui naît,
Sa taille de guêpe et ses yeux clairs
La féminité qui se fait chair.

Le regard mûrit sous le rideau
Des cils naturels, tendre chapeau.
Il croise avec soin,
Éphémère, au loin,
L'instant de plaisir à partager
Quelque chose de la liberté.

Les photographies de ce temps-là
Surprennent le cours des almanachs.
Les noms, revenus,
Sur le plancher cru,
Jouent une scène d'éternité
Dans la main de l'art, bien déguisés.

Ce visage qui me parle au cœur
Plonge le présent dans son erreur.
La frêle beauté
A tant traversé
De jours et de nuits, qu'elle retient
Comme une bouée, ces petits liens.

C'était un hier étincelant
Juste après la guerre et ses tourments
Premières amours
Dans le petit jour
Derrière la rampe sur le bois
Ciré du destin qui ment parfois
Derrière la rampe sur le bois
Ciré du destin qui ment parfois...

ON Y CROIT

Après longue aventure, on croit avoir trouvé
Cette place au soleil luisant de vérité.
Faisant vœu de santé pour son propre avenir,
On y croit...
Entre deux infinis, l'invisible présent
Porte, contre le vent, son beau plateau d'argent
Comme s'il couronnait une vie de plaisir.
On y croit...

Les questions de l'espérance
Arrivent dans la nuit
Comme, autrefois, notre allégeance
Pour tout ce qui reluit

Les conseils sont usés. Les coupes renversées
Ne peuvent contenir les choses désirées
Ni les anciennes lois ni les amours passées.
On n'y croit...

Les questions de l'espérance
Arrivent dans la nuit
Comme, autrefois, notre allégeance
Pour tout ce qui reluit.
Le reste, aux couleurs de l'absence,
En poussière, s'enfuit...

Où est Dieu, que fait-il ?
Pour quelle vérité les mensonges subtils
Se font-ils ?
Les yeux baissés répondent
Que l'on ne comprend plus. La tristesse profonde
Tire un fil.

On remarque un instant les voiles de dentelle
Et l'haleine du temps, soupir d'une chapelle

Dont la clé s'est perdue comme la demoiselle,
Hélas...

Les questions de l'espérance
Arrivent dans la nuit
Comme, autrefois, notre allégeance
Pour tout ce qui reluit.
Le reste, aux couleurs de l'absence,
En poussière, s'enfuit...

Les questions de l'espérance
Arrivent dans la nuit
Comme les grains de l'existence
Au fond du sablier
Au fond du sablier...

CE QUI NE SERT À RIEN

Savoir pourquoi
Le soi
N'est plus si tendre
Comment, sans toi,
Comprendre,
Alors que minuit vient,
Les quelques choix
Qu'on croit
Puis redescendre,
Abandonner, reprendre
Ce qui ne sert à rien.

On s'est trompé
De jour,
On s'est trompé
D'amour.
C'est arrivé
De rien.
Les jeux sont faits
Mais les anciens,
Crois-moi
Dans la nature,
Ont eu la vie plus dure
Sans jamais faire un drame.
Ils sont usés
Parfois,
La vie est dure
Mais la mort, imposture,
Passe tout par les flammes...

OUI POUR AUJOURD'HUI

[Refrain] Oui, pour aujourd'hui, prends ma main
Oui pour aujourd'hui
Oui pour aujourd'hui et demain
Oui pour aujourd'hui

Vers l'avenir partons ensemble.
Le jour est clair, nous sommes deux
Tant pis si les nuits se ressemblent,
Tous les possibles sont heureux.
Vois-tu, la chance nous attend.
Debout, ne perdons pas de temps !

[Refrain]

Le soleil brille sur la plaine
Et l'amitié guide nos pas.
Vivons cette aventure humaine,
Fions-nous au temps qui s'en va.
Voici le nouveau jour, bien né,
Qui dévoile sa vérité.

[Refrain]

Le plaisir entre dans la danse
Et nous accompagnera toujours
Pourvu qu'avec lui, l'espérance
Et la joie se fassent des tours.
Viens avec nous sur ce chemin,
Toi qui t'interroges en vain.

[Refrain]

À QUI ?

À qui les souvenirs, les lettres, les prières ?
Tous ces mystères qui n'existent plus
Quand on s'en va dans une autre lumière
Sont perdus.
Pourquoi ces choses qui sont arrivées,
Depuis éparses dans les questions
Qu'on n'a peut-être pas posées,
Ont-elles fui nos actions ?

Du début à la fin,
Tout était incertain
Dont on ne voyait pas l'importance.
Comment se souvenir
De nos premiers soupirs
Quand il ne reste que du silence ?

Pourtant nous avons vécu fraternellement,
Dans la tourmente et dans le grand bonheur,
Partagé le bon de nos sentiments
Sans erreur.
Pourtant nous avons protégé, jusqu'à la nuit,
La vérité de ce côté précis
Pour l'épargner du temps qui fuit,
Confiants peut-être en l'infini.

Du début à la fin,
Tout était incertain
Dont on ne voyait pas l'importance.
Comment se souvenir
De nos premiers soupirs
Quand il ne reste que du silence ?

La vie qui s'écoulait, rapide comme l'eau
Transportait les joies, peines et projets
Jusqu'au point lointain de nos idéaux

Imparfaits.
Souvent nous oublions ces choses, dans le fond
Qui restent, sans éclat, sur le chemin
Pendant que nous nous déplaçons
Sous les nuages du destin.

À qui les souvenirs, les lettres, les prières ?
Tous ces mystères qui n'existent plus
Quand on s'en va dans une autre lumière
Sont perdus.
Pourquoi ces choses qui sont arrivées,
Depuis éparses dans les questions
Qu'on n'a peut-être pas posées,
Ont-elles fui nos actions ?

MONTAGES

La métaphore prend leurs ailes
Aux pigeons dans leurs ribambelles.
Les paroles sous les abris
S'adoucissent mais la nature,
Habilement, joue et mesure
À l'aulne des faits et des dits.

Qu'avons-nous bâti pour demain ?
Des prisons, des cercles, en vain.

Que dites-vous ? C'est impossible...
Tous les viseurs sont réunis près de la cible
Afin que le monde sensible,
Embelli par notre travail, avance en paix
Visible
Jusqu'à la cime étincelante
Sous la direction des faits.
La gloire hélas est bien changeante...
Si les moyens se justifient,
Oser se doit
Qui frôle les tristes endroits
De la folie.

Qu'avons-nous bâti pour demain ?
Des prisons, des cercles, en vain.
Et des ponts vers demain.

La raison doit compter sur sa grande énergie
Car l'immobilité blesse les espérances.
Ne confondons pas transparence
Et vérité, dans l'atonie...

Les arbres nous tendent leurs mains.

Qu'importe si certains cœurs tremblent.
Voici le jour d'unir ensemble
Un moment à l'éternité.
Suivant la trace des mirages,
On avance dans les montages.
Voit-on le monde tourmenté ?

Qu'avons-nous bâti pour demain ?
Des prisons, des cercles, en vain.
Et des ponts vers demain.

La raison doit compter sur sa grande énergie
Car l'immobilité blesse les espérances.
Ne confondons pas transparence
Et vérité, dans l'atonie...

Les arbres nous tendent leurs mains.
Qu'avons-nous bâti pour demain ?
Les arbres nous tendent leurs mains.
Qu'avons-nous bâti pour demain ?
Les arbres nous tendent leurs mains.

SANS MUSIQUE

Il n'y avait pas de musique.
On ne chantait, en ce temps-là
Dans le volume académique,
Que les comptines quelquefois.
Les cantiques et les berceuses
N'étaient pas de notre maison
Et les journées silencieuses
Disaient les leçons.

[Refrain] Lugubre ? Non, sans fantaisie,
Ô grand-maman.
Le bruit était une infamie.
C'était un temps...

Du dehors, aucune fillette,
Aux jeudis qui tombaient pareil,
Dans la cuisine sans dînette,
À tous les coucher de soleil.
Deux enfants, simples partenaires
Partageaient l'ennui bienfaisant
Des jours de semaine ordinaires
Amicalement.

On ignorait les autres choses,
La vie des familles d'ailleurs.
Derrière cette porte close,
Il n'y avait pas de clameurs.
Pour parler, la vieille grand-mère
Était là, comme un monument,
Moins bavarde, occupée à faire
Son travail content.

Les habitudes quotidiennes
Oubliaient les jours et les nuits
Sous les lignes méridiennes

Des saisons blanches de l'ennui.
Pourtant, sans la moindre tristesse,
On vivait les nuits et les jours
Dans le silence et la sagesse
D'une ombre d'amour.

C'était la mort, la mort peut-être
Qui fermait la porte, le soir
Très tard, avant de disparaître.
On ne cherchait pas à savoir.
L'enfance était dans l'ignorance.
Il n'y avait pas même un chien
Pour écouter les mots d'enfance.
On n'en savait rien.

Lugubre ? Non, sans fantaisie,
Ô grand-maman.
Le bruit était une infamie.
C'était un temps...

Le soleil bientôt doit briller

L'homme, épris de fraternité,
Reconnaît, comme d'un miroir,
Son autre, qu'il soit blanc ou noir.

Il définit l'humanité
Dans les ressemblances qu'il voit
Entre nous tous, lui, vous et moi.

Prônant un jour l'égalité,
Son discours chasse les écarts,
Les injustices, les retards
À réparer.

Pour promouvoir la vérité
De ce qu'il souhaite établir,
Le législateur à venir
Donne les clés.

Le soleil va bientôt briller...

D'autres qui se sont écartés
Prétendent qu'il faut à chacun
Construire son propre chemin.

 Ceux-là préfèrent distinguer
Les dissemblances qu'on reçoit
De la nature quelquefois

Et les points se sont opposés
Qui n'avaient pas le même objet.
Les idéaux et les regrets
Cherchaient le vrai.

Quand le goût de la liberté,
Se sentit fort et se leva,

L'on entendit des "ça ira"
Sur les pavés.
Quel soleil, quelle vérité ?

Le jour devait recommencer
Chaque matin suivant pareil
À la lumière du soleil.

Les hommes se sont regardés
Dans les bris de miroirs usés
Que, par chance, on avait gardés.

Les animaux domestiqués
Souriaient entre eux de les voir
Si petits sous leur masque noir
Mal ajusté.

Toujours, toujours recommencer.
Quel travail est de devenir
Un homme qui veut s'affranchir
Sans s'abaisser.

Quel regard sur l'éternité...

HYMNE

L'eau coule sous le soleil blanc
D'aimer
Vers
Le grand miroir étincelant.
Jamais on ne peut rattraper
Ce plaisir
Fabuleux de l'enfer

Savoir pourquoi nous sommes nés...
La peau
Nue
Frissonne sur le caressé,
L'inachevé de l'univers.
Souvenirs
S'épousent à la vue.

Les ondes forment l'harmonie
De vivre
Pour
Et avec cette âme sans nom
Dont on voit la courbe infinie.
Tout s'éclaire
Dans les bras de l'amour.

Faut-il rester, faut-il partir,
Cœur ivre,
Dans
Le rêve, d'un petit garçon,
D'un pays neuf à découvrir
Sur la terre ?
Ô délices, enchantements...

Voici l'amour dans sa douceur

Le poète à genou devant les faits,
Remercie l'aube qui renaît
Dans le jardin de l'avenir.
Une rose dont l'élixir
Ensorcèle à jamais les cœurs :
Voici l'amour dans sa douceur.

On savait qu'il viendrait au fond de soi
Mais pour qui, comment et pourquoi ?
L'alchimie de nos sentiments
Ne dit de quoi elle dépend.
Le trop vite est taché d'erreurs...
Voici l'amour dans sa douceur.

On croit au hasard, à la chance,
Au désir, à l'appartenance.
Aussi longtemps que le ciel luit.
On projette son existence
Et l'avenir parle d'enfance
Avec le présent qui s'enfuit.
C'est la question du bonheur...
Voici l'amour dans sa douceur.

Combien de fois s'est-on perdu, trompé ?
La vie joue de la liberté
Les dés pipés tombent toujours
Sur le point blanc des carrefours.
Pas de perdant, pas de vainqueur.
Voici l'amour dans sa douceur.

On croit au hasard, à la chance,
Au désir, à l'appartenance.
Aussi longtemps que le ciel luit.
On projette son existence
Et l'avenir parle d'enfance

Avec le présent qui s'enfuit.
C'est la question du bonheur...
Voici l'amour dans sa douceur.

ÇA RESSEMBLE À LA VIE

Plus on avance et plus le doute
Écrit des choses qui font mal.
Rester debout, droit sur la route
Comprendre l'homme et l'animal...
Épargner toujours ceux qu'on aime
Sans blesser l'autre qui n'attend
Qu'un peu de blé que le vent sème
Un signe humain, plus simplement

Ça ressemble à la vie.
Les frères ennemis,
Sur la mosaïque éternelle,
Pour devenir amis,
Pour le rêve et l'envie,
Se donnent dans la ribambelle
L'oubli.

Quand le possible est en avance,
On trouve toujours un moyen
D'être assez lourd sur la balance
Au bon endroit, tendant la main.
Aussi, quand se produit l'inverse,
On désigne un mouton perdu
Responsable du camp adverse
Il risque fort d'être pendu.

Ça ressemble à la vie.
Les frères ennemis,
Sur la mosaïque éternelle,
Pour devenir amis,
Pour le rêve et l'envie,
Se donnent dans la ribambelle
L'oubli.

Les choses, par-dessus le dire,
Transmises par les testaments,
Sans âme, dans les tirelires,
Pèsent plus que les sentiments.
Qu'on nous montre ce qu'il faut faire
Un jour calme, sans ouragan,
Avant que, partout sur la terre,
Il n'y ait plus un seul enfant.

Ça ressemble à la vie.
Les frères ennemis,
Sur la mosaïque éternelle,
Pour devenir amis,
Pour le rêve et l'envie,
Se donnent dans la ribambelle
L'oubli.

EN RÊVANT

Quand la vie est facile,
Et les amours dociles,
Le sommeil trop tranquille,
Alors, subitement,
Le temps comme la vie,
Chansons et mélodies,
Délices infinies,
Quittent le conscient.

En rêvant
Il arrive que l'infini,
Lentement,
S'échappe de l'abri
Nonchalant
Comme un agneau croyant se libérer
Quitte à jamais les pas de son berger.
Qui sait maintenant
Son sentiment ?

L'avenir
Nouveau dès que le soleil apparaît,
Le désir,
Comme la veille, enviant les sommets,
En démesure,
Peuvent rivaliser mais que fait-on
De la voussure
Inaccessible de nos horizons ?

En rêvant
Il arrive que l'infini,
Lentement,
S'échappe de l'abri
Pour s'approcher, une seconde,
Une minute, un bref instant,

Pour s'approcher, une seconde,
Une minute, un bref instant,

De notre domicile
Où le temps immobile
Égare le fragile
Dans son coffre d'oubli
Pour l'accueillir, personne
Ne rend ce qu'on lui donne
L'amour, vieilli, frissonne
Hélas, de l'heur fini.

En rêvant
Il arrive que l'infini,
Lentement,
S'échappe de l'abri
Nonchalant
Comme un agneau croyant se libérer
Quitte à jamais les pas de son berger.
Qui sait maintenant
Son sentiment ?

L'avenir
Nouveau dès que le soleil apparaît,
Le désir,
Comme la veille, enviant les sommets,
En démesure,
Peuvent rivaliser mais que fait-on
De la voussure
Inaccessible de nos horizons ?

En rêvant
Il arrive que l'infini,
Lentement,
S'échappe de l'abri
Pour s'approcher, une seconde,
Une minute, un bref instant,

Pour s'approcher, une seconde,
Une minute, un bref instant...

JAVA LIMITE

Sans qu'on sache pourquoi,
La route, quelquefois,
S'arrête à une borne.
Pour deux ou trois fois rien,
On y voit un martien
Qui nous montre ses cornes.

On avait jusque là
Bien vécu, sans tracas,
L'existence ordinaire
Des gens particuliers
Sans particule au pied
Ni cor de militaire.

Ça nous mettait d'ailleurs
Plutôt de bonne humeur,
Cette aristo-roture,
Héritée de papa
Qui ne travaillait pas
Dans la littérature.

Pas plus de fainéants
Que dans le parlement,
Disait-il à la mère,
Qui rasait le poil dur
Des mains, les jours obscurs,
Juste avant la colère.

Le temps fait des petits
Moments de paradis
Qu'il faut bien vite prendre
Aux fins d'être premier
Servi - c'est le métier
D'être qui fait comprendre...

Alors, en général,
On avait le moral
Au niveau de l'eau douce
Et ça suffisait bien
À garder son maintien
En relevant son pouce.

C'était au temps d'avant
Pas mieux que maintenant.
La jeunesse était belle
Et le savait aussi
Bien autant qu'aujourd'hui
Même dépourvue d'ailes.

Au manège d'amour,
On attendait son tour
Sans faire de manières.
On n'avait pas un sou
De trop ni les genoux
Usés par les prières.

Cinq doigts à chaque main
Pour cuire notre pain,
Façon traditionnelle,
Sans faire de leçon
Et pas un seul crouton
Jeté à la poubelle.

Village sans attrait
Mais le lait était frais
Tiré, qu'après l'école
On allait acheter
À la ferme, à côté
Dans un bidon. Frivole.

Où ça sentait le foin,
La bouse, dans les coins.

En traversant la rue
On était bien heureux
De n'avoir que deux yeux,
Sur l'enfance vécue.

Sans qu'on sache pourquoi,
La route, quelquefois,
S'arrête à une borne.
Pour deux ou trois fois rien,
On y voit un martien
Qui nous montre ses cornes.

Que la vie est douce

Les petits garçons
Jouent sur le balcon
Dans une bassine.
L'océan tout bleu
S'amuse avec eux.
L'enfance marine
A petits bateaux
Qui dansent sur l'eau.
Plouf. On s'éclabousse
Un anneau tout rond,
Bulles de savon,
Que la vie est douce.

Quand vient le goûter,
Chez le boulanger,
Là-bas sur la place,
Il y a du pain
Tout chaud et tout frais
Et même une glace
En cornet tout creux
Que l'on mange à deux,
Chocolat, pistache.
Maman n'en veut pas.
Elle finira
Le cornet qui tache.

L'été c'est joli
Quand on est petit
Toute la famille
Est dans la maison
Sucres et bonbons
Framboise, vanille.
On a tout le temps
Pour être un enfant.
On fait des sottises

Avec des câlins
Quand c'est le matin,
Le temps des cerises.

Enfants et trésors
Dans le même corps
Apprennent la vie
Le simple avenir
De faire plaisir
Avec fantaisie
À tout l'univers
Qui s'endort, l'hiver,
Sous un lit de plumes
Quand l'ami Pierrot,
Pour faire dodo,
Voudrait qu'on allume.

Chaque fois qu'on peut
Jouer deux à deux
Entre les nuages,
Le bonheur d'aimer
Va recommencer
Son joli voyage.
C'est comme un secret
Que l'on reconnaît
Au même sourire
Au même regard
Qui dit : il est tard
Et le cœur chavire...

MENUET DES JOURS

Un deux trois cinq et six, sur le parquet ciré,
Le menuet commencé, la vie comme la danse
Explore l'univers
Explore l'univers
À petits pas comptés. Prudence et sûreté
Tracent leur territoire et sortent de l'enfance.

Ceux qui tournent en rond, parfois seront trompés,
Croyant que le soleil valse autour de leur tête
Aux fins de couronner
Aux fins de couronner
De gloire, pour toujours, leurs cheveux éclairés
Par un savoir précis sur le cours des planètes.

Une reprise encor pour marquer les esprits,
Puis un pas de côté changeant le point de vue,
Voyez comme l'on fait
Voyez comme l'on fait
Pour ne point s'ennuyer lorsque le ciel est gris.
L'œil ne peut supporter la lumière trop crue.

La terre est ronde afin que l'amitié, l'amour,
Sans jamais s'arrêter, en fassent tout le tour.

Est-ce la vérité qui ne veut pas non plus,
Par sa grande pudeur, qu'on la regarde en face,
On ne peut le savoir
On ne peut le savoir,
Toujours est-il que là où le regard obtus
Se pose, il voit très peu de tout ce qui se passe.

C'est ainsi, l'on apprend en tombant quelquefois
Sur son propre céans, droit comme la justice
Et l'on glose à tout vent
Et l'on glose à tout vent

Sur plus grand et plus fort, sur plus malin que soi
Qui a le dos bien large et souvent, la peau lisse.

On gagne ou l'on apprend, c'est selon la saison
Disent les musiciens qui suivent la cadence
Car l'accommodement
Car l'accommodement
Deviendra naturel entre les compagnons
De sorte que les pas ensemble se compensent.

La terre est ronde afin que l'amitié, l'amour,
Sans jamais s'arrêter, en fassent tout le tour.

Suivez ce bon conseil : Maîtrisez le randon,
Ne vous essoufflez pas. La chance est de malice
Et d'inspiration
Et d'inspiration.
La respiration continue la chanson
L'art masque joliment les tristes artifices.

Le possible au devant, aimable, tend les bras
Sans doute vaut-il mieux assurer sa posture
Afin d'être debout
Afin d'être debout
Quand le nouveau printemps enfin refleurira
Que les oiseaux viendront enchanter les ramures.

La ronde est infinie, disent les amateurs
Assis autour de nous, chacun sur sa colonne
Voyez à l'Orient
Voyez à l'Orient
Cet enfant blond qui court avec un air vainqueur
De son rayonnement, ne jalousons personne.

La terre est ronde afin que l'amitié, l'amour,
Sans jamais s'arrêter, en fassent tout le tour.

Automate

Que l'on me dise oui,
Que l'on me dise non,
Jamais ne me réjouit
Mais écrit des chansons
De toutes les couleurs
De toutes les amours
Sur le fil des humeurs
Entre hier et toujours.

L'énergie du soleil
Dicte des mots,
Qu'ils soient bleus ou vermeils
C'est ainsi.
Le vivant prend sa part.
Tout au départ
Cherche dans l'infini
Son ami.

Le silence est moins froid
Qu'on le craint à minuit
Lorsque trop de pourquoi
Lumineux sont partis.
C'est un temps de repos
Ce n'est pas une fin
Survenue du très haut.
Non. C'est l'avant demain.

L'énergie du matin
Fait avancer,
Quel que soit le chemin
Défini.
Le vivant prend sa part.
Tout au départ
Cherche dans l'infini
Son ami.

N'ayons pas de regrets
Pour les printemps passés.
Les printemps, les étés,
Disparus, restent vrais.
L'horloge du destin
Tourne sans y penser
Construisant de nos mains
Des ponts à traverser.

Que l'on me dise oui,
Que l'on me dise non,
Jamais ne me réjouit
Mais écrit des chansons
De toutes les couleurs
De toutes les amours
Sur le fil des humeurs
Entre hier et toujours.

Poésie

Entourée d'ondes claires
La terre, sans contraire,
Valse dans l'atmosphère
Harmonieusement
Comme la poésie
Qu'une muse infinie
Donne, d'Alexandrie
Jusques au firmament.

Poésie
Dans les chants et rires d'enfants
Poésie
Quelque chose d'éblouissant
Poésie
Du bonheur, dont on se souvient à jamais
Comme une trêve dans les jours de folie
D'un songe parfait
De poésie.

Poésie
De la mélodie que transmettent les cœurs
Poésie
Comme un soir d'été charmant de douceur
Et d'espérance
Un fil d'or entre hier et demain
En confiance
Autour du feu, l'avenir humain

Poésie
Dans les chants et rires d'enfants
Poésie
Quelque chose d'éblouissant
Dont il faut garder le bonheur
La promesse, dans l'accalmie

Dont il faut garder la candeur
La promesse, dans l'accalmie

Au milieu de la foule,
Lorsque la vie s'écoule
Et que le temps s'enroule
Au rouet de l'ennui,
La bonne vieille terre
Sourit de nos misères.
On devine, ô mystère,
Tant d'autres poésies

Poésie
Dans les chants et rires d'enfants
Poésie
Quelque chose d'éblouissant
Poésie
C'est l'univers entier, c'est l'homme, debout,
La pensée et l'amour, sans cérémonie,
Les sages, les fous,
La poésie.

Poésie
De la mélodie que transmettent les cœurs
Poésie
Comme un soir d'été charmant de douceur
Et d'espérance
Un fil d'or entre hier et demain
En confiance
Autour du feu, l'avenir humain...

Poésie
Dans les chants et rires d'enfants
Poésie
Quelque chose d'éblouissant
Dont il faut garder le bonheur,
La promesse, dans l'accalmie.

Dont il faut garder la candeur,
La promesse, dans l'accalmie.

Musique sacrée

C'est un chant sacré
D'amour composé
Comme un invisible
Appel, si sensible,
Qu'on oublie le temps
Dans l'haleine du vent.

La magie se dévoile
Au rythme, naturel, du cœur
Qui découvre l'étoile
Étincelant dans la douceur.

Le salut du ciel
Coule comme miel
Et le corps s'éveille
Dans la nuit vermeille
Au ruisseau des mots
Unissant bas et haut.

Un agneau vient au monde.
On entend le recueillement
De tendresse profonde
En écho dans le firmament.

TÉNOR

Le piano n'attend plus que vous
Mais il pourrait se taire,
Écouter, sans rien faire.
Ailleurs qu'ici, le monde est fou.

D'où viennent les puissants embruns
Qui torturent la vue ?
Une femme, inconnue
Disparaît dans l'amour lointain.

Cet homme qui serre ses mains
Brisé par la folie,
Malade, à l'agonie,
Murmure son triste refrain.

[Refrain] Pourquoi je t'aime
Rose éternelle,
Si douce et belle
Pourquoi je t'aime
Enfant du ciel
Providentiel
Pourquoi je t'aime
Mon cœur ne sait
Le dire mais
Il pleure en moi
Seul devant toi
Pourquoi je t'aime

Les lumières de l'océan
Reflétant les étoiles,
Peut-être, ne dévoilent
Que la fin d'un instant

D'ailleurs les pêcheurs, fatigués,
Bénissent le vieux phare.

Mon cœur triste et bizarre
Se détache, il va me quitter.

Je renierais la lune d'or
Pour le bonheur d'une île
Où, sauvage et tranquille,
Je chanterais mon seul trésor.

Pourquoi je t'aime
Rose éternelle,
Si douce et belle
Pourquoi je t'aime
Enfant du ciel
Providentiel
Pourquoi je t'aime
Mon cœur ne sait
Le dire mais
Il pleure en moi
Seul devant toi
Pourquoi je t'aime

Attention, puissant piano,
Mon âme désespère
À subir le tonnerre
Alors, va, calme tes marteaux...

Comme un tombeau, ces yeux
Termineront ma vie,
Non plus de comédie,
Mais d'être à ce point merveilleux.

Le librettiste, à son bureau,
N'écrit que les passages
En reflet des nuages
Mais voici le dernier bourreau.

Pourquoi je t'aime
Rose éternelle,
Si douce et belle
Pourquoi je t'aime
Enfant du ciel
Providentiel
Pourquoi je t'aime
Mon cœur ne sait
Le dire mais
Il pleure en moi
Seul devant toi
Pourquoi je t'aime

Crois-tu qu'il suffit de chanter
Ô ma douce hirondelle,
Ma fée, ma tourterelle,
Pour croire que l'on est aimé ?

Mais à côté de ta beauté
Sans fin, de ton emprise,
C'est une vantardise :
Ô combien j'aimerais voler...

Dans le ciel de ton bon plaisir,
Être une plume d'ange
Une tienne mésange
Existant pour t'appartenir...

Pourquoi je t'aime
Rose éternelle,
Si douce et belle
Pourquoi je t'aime
Enfant du ciel
Providentiel
Pourquoi je t'aime
Mon cœur ne sait
Le dire mais

Il pleure en moi
Seul devant toi
Pourquoi je t'aime

VÉ-I-PÉ
Very Important Person

Maintenant on fait rimer
Vé-I-Pé
Avec canaille et billets
Étoilés
Ça fait des papiers d'enfer
Mais l'enfer est nécessaire
Depuis qu'on l'a inventé

Calamité

Mieux qu'un ticket de tiercé
Trafiqué
Sur la tranche et les côtés
Bien doré
Cet animal fabuleux
Est heureux
De vivre dans son hôtel,
Son castel.

La bourse ou la vie ? Sans rire ?
Quel délire !
On prend les deux à la fois,
Tout à soi.
La question, c'est comment
On achète un parlement
Sans jamais se faire élire.

S'organiser...

La cour apprend à boiter
Du côté
Qui plaît à l'état-major
Du trésor.
Tout s'apprend et tout se vend

À bon prix.
Il faut au tempérament
Des acquis.

Les rois sont de leurs amis :
C'est aisé
Pour entrer au paradis,
Présenté :
Cet endroit est étonnant
De petits endroits charmants.
Comme on dit : pas vu, pas pris.

Sortir masqué

Petits quand ils seront grands
Vé-I-Pé,
On connaîtra leurs parents,
Bien placés,
Puis leurs dignes héritiers.
Ces gens-là
S'achètent tous les banquiers
Cætera...

Maintenant on fait rimer
Vé-I-Pé
Avec canaille et billets
Étoilés
Ça fait des papiers d'enfer
Mais l'enfer est nécessaire
Depuis qu'on l'a inventé

Calamité

Sur la roue du casino
L'argent frais
Soigne les petits bobos,
Vite fait.

Ceux qui croient avoir payé
Leurs impôts
De les suivre, sont tentés
Ex aequo...

LA CATASTROPHE AMBULANTE

La catastrophe ambulante
Est étonnante :
Elle confond le désir
Et le plaisir...
Chaque fois que le temps passe,
Elle borne son espace
En croyant s'élever du sol
À repasser les vieux faux-cols.

C'est incroyable, on a rêvé.
La terre n'a pas arrêté
De tourner sans jamais être ridicule
Pendant qu'elle, s'encapsule.

La catastrophe, impuissante,
Est résurgente.
Elle sort de son chapeau
Ses idéaux,
Comme un devoir de grand ménage,
Le masque noir qui la soulage
Mais son musée plein de coucous
N'intéresse pas même les fous.

Pour un sandwich SNCF,
Elle part d'ici à plus rien
Sans sa tête et sans couvre-chef
Avec la laisse de son chien.

La catastrophe impudente
Est accablante.
Dès qu'elle croise un bon-dieu,
S'il est odieux,
Elle sacrifie sa vie,
Quelle folie

Sous prétexte qu'il est humain
De tout donner, présent et demain.

Ce cas mérite mention
Spéciale car l'occasion
Est plus usée qu'à Waterloo,
Le dernier faux numéro.

La catastrophe imprudente
Est inquiétante.
Elle croit au lendemain
D'hier qui vient
Toujours un peu en retard
Et sans égard
C'est comme une maladie
De sympathie
En amnésie
Qui la fait glisser sur la pente
Des falaises les plus charmantes.

TOUJOURS LE VRAI PARTIR

Toujours
C'est ce que l'amour dure
Toujours
Aux romans d'aventure
Toujours
Quand l'âme est blanche et pure
Et le temps clair.

Mais la naïveté
Périt avant l'été
Le simple, c'est étrange,
Ne survit au mélange.

Le vrai
Au miroir d'espérance
Le vrai
Sourit avec constance
Le vrai
La grâce fait silence
L'amour est cher

Mais la fraîcheur du cœur
Fane comme une fleur
Tout passe, même l'âge
Et la pluie se partage.

Partir
Un jour au bout du monde
Partir
Sans perdre une seconde
Partir
Dans l'infini des ondes
En un éclair...

Sachant jusqu'à quel point
Le temps est faux-témoin,
La mémoire trompée
S'éteint, désemparée.

LE DERNIER TOUR

Ceux qui croient et ceux qui doutent
Tremblent devant le tombeau,
Le vide, au bout de la route,
Le dernier tour au casino.

Même à la fin de l'histoire,
On rêve de recevoir
Le signe d'une main noire
Qui traverse le miroir.

Les questions de la vie
Qu'on n'ose jamais poser
Décrivent la maladie
De n'avoir pas existé.

Être libre mais pour quoi ?

Ceux qui partent sans bagage
Ont renoncé pour toujours
Aux mensonges en partage
Qui se prennent pour l'amour.

Avant de fermer la porte,
Ils fixent le sablier,
La silhouette d'une morte
Qu'ils espèrent oublier.

Alors on croit qu'ils hésitent.
On pleure le temps perdu.
Les souvenirs hypocrites
Trop tard, ont réapparu.

Ne rien dire, cette fois...

De jour en jour, les nouvelles
Se mélangent à la peur
D'une vraie mort, éternelle
À l'endroit où bat le cœur.

Est-ce la seule défaite
Ou bien y a-t-il encor
Une boîte d'allumettes,
Un verre d'alcool très fort ?

Combien de temps les journées
Joueront-elles ce jeu là,
Et les nuits désorientées
Ne cesseront-elles pas ?

Tais-toi, pauvre cœur, tais-toi.

Le visage comme un marbre
Dur et froid s'est refermé.
Il n'y aura plus, sous l'arbre,
L'ombre douce de l'été.

Dans la chambre, le fantôme
A jeté sous le tapis
Le trousseau de son royaume
Et ses remords infinis.

L'au revoir, la comédie,
Tout s'en va. Voici le temps
De parler d'une autre vie
Qui vient, sans faire semblant.

Être libre, mais pourquoi ?
Tais-toi, pauvre cœur, tais-toi...

À NOTRE VUE

Dans le tumulte autant que dans la nuit,
Le corps nous dit la vérité, rien d'autre.
Obéissant au ruisseau sans ennui,
L'onde parcourt les paysages nôtres,

Creusant vallons dont la terre murit
Grains de beauté sur la terre étendue.
Du bas en haut, ce qui pousse grandit
À notre vue.

Le cœur habite un abri de campagne,
Fenêtre ouverte où l'amour, bel oiseau
Porte message issu de la montagne
Où le soleil se tient quand il fait beau.

De l'occident, le vent doux sur les plaines
Caresse les semailles chaque jour.
L'été arrive et les granges sont pleines
De nos amours.

La joie gardant si peu d'économies,
Le paysage invente des saisons
Sans souvenir, turbulentes folies
Qui font du bruit dedans notre maison.

Mais peu importe : au matin, la lumière
Ouvre les yeux, les mains, vers l'avenir.
La raison seule est parfois prisonnière
De vieux soupirs.

Pour un chagrin, la ride se dessine
Et la peau tremble aussitôt qu'il fait froid.
Entre deux airs, le corps fait triste mine.
Il ne sait plus ses limites, parfois.

Le manteau blanc que l'on croyait de laine
Est fait de neige et d'arbres endormis.
La fantaisie n'aime plus les semaines
Aux trois jeudis.

Jeunes enfants, vivez votre aventure !
Vous nous montrez le chemin du bonheur
Qui ne connaît de docile mesure
Que le coucher du soleil, en douceur.

Dans le sommeil, la fatigue s'efface,
Ô chers printemps à la peau de satin...
Tendres années sans miroirs qui se cassent
Entre les mains.

Le corps, discret, allonge sa mémoire
Et, sous les ponts, l'eau quitte le passé
Vers le pays de nouvelles histoires
Intimes dont les ventres sont marqués.

Ici l'amour, ici la guerre atroce,
Une folie, les stigmates du temps,
Ici l'envie, qui s'élève, précoce,
Au bon moment.

Le corps trébuche. Il tombe, se relève.
Il se rebelle contre le hasard,
Contre la loi ; et, dans le geste d'Ève,
Il reconnait, malin, le vieux renard.

Quand les douleurs deviennent des souffrances,
Le corps, enfin, rompt le silence d'or.
Comprenez-le, qui garde l'espérance
Toujours plus fort.

Dans le tumulte autant que dans la nuit,
Le corps nous dit la vérité, rien d'autre.

Obéissant au ruisseau sans ennui,
L'onde parcourt les paysages nôtres,

Creusant vallons dont la terre murit
Grains de beauté sur la terre étendue.
Du bas en haut, ce qui pousse grandit
À notre vue.

Au lieu d'être vivant

Rappelle-toi, petite :
On passe trop de temps
À vouloir aller vite
Au lieu d'être vraiment.

La forêt, grande cathédrale,
Entraîne la force vitale.

La parole facile
Éblouit, dans la ville,
L'habitude docile
Ô bouffons, c'est à vous.

L'école communale
Apprend à obéir.
Sa règle magistrale
Achève le désir.

Ne sachant pas ce qu'est la chance,
On rêve alors d'autres vacances.

Rappelle-toi l'envie
De grandir en folie,
La période finie :
Que ce temps était doux...

La roue tourne sans cesse
On s'y casse les dents
Par trop de maladresse.
Au début, c'est plaisant.

Prends garde à toi, petite fille :
Jour après jour une bastille.

Le ciel de la marelle
Attire ta nacelle
Et l'agnelet qui bêle
Dans l'histoire du loup.

Tout est à ta portée :
Prends le temps de choisir
Le manche ou la cognée,
L'instant, sans le mentir.

L'hésitation, dès l'éveil,
Risque de voiler ton soleil.

Les choses qu'on ose
Et le parfum des roses,
Ce que le temps propose,
De riens on rêve tout.

Avec le cœur, la tête
Entretient la santé
D'une petite bête
Qui monte de son pré.

La logique des sentiments
Se manifeste rarement.

Parfois, la comédie
Se sentant affranchie,
Frôle l'allégorie
Dont le contour est flou.

La question des hommes
Couronne le sommet
D'impossibles royaumes
Aux néfastes effets.

Pour en finir, attends un peu
Que les chemins soient moins boueux.

Lorsque l'amour t'enchante
De tendresses charmantes
N'oublie pas, sur la pente,
Tous les pièges jaloux.

L'histoire, en fantaisie,
Gagne plus que tu crois.
Elle connaît la loterie
Ses petits lots et ses grands poids.

Rejoue, quand le ciel est distant.
Ça te fera gagner du temps...

Joue, contre la tristesse
Contre la sécheresse,
Et contre la bassesse
Mais joue pour toi, surtout !

CERISE

Voici revenu le temps des surprises
Sur le plat des jours qui brise le cœur.
La folie s'installe.
On crut oublier la peur magistrale
On espérait même un peu de bonheur.
Ô l'illusion des choses promises...
Pour un seul désir, multiples couleurs.

Sur tous les marchés, on parle de crises
Pour faire semblant de sauver l'honneur.
La vie est menteuse.
La suite des nuits, pas plus courageuse,
Dans les cauchemars, sème tant de peur
Que l'esprit, hélas, en craint la franchise.
On ne connaît plus ni frère ni sœur.

Printemps, que fais-tu des choses promises ?
Ne perçois-tu pas la douce chaleur
Soufflant sur la terre ?
On y sent aussi, n'en fais pas mystère,
Dans les questions du monde, l'ardeur
Dont le renouveau, partout, s'organise
Aux fins d'embellir la frêle primeur.

Nous ferons demain, sans l'avoir apprise,
Une ronde autour des arbres en fleurs
Mais point de couronne
Avec ces grands lys qui n'aiment personne.
Tous les orgueilleux, brigands de malheur
Clameront en vain leurs tristes devises.
Partant de l'instant, nous sommes ailleurs.

ÉVIDENT

Jaloux de sa liberté,
Le puissant
Ne rêve que rarement
De beauté,
Sauf quand le marché de l'art
Recèle pour le regard
Des crédits éblouissants

C'est évident

Dans les grains du sablier,
L'échiquier
S'aperçoit quand vient le soir
Blanc, et noir.
Les galets de l'océan,
Jours de l'an,
Par le transport infini,
Sont polis.

La terre file au rouet
Ses secrets.
Les étoiles font des nœuds
Fabuleux
Dans la toile d'araignée
Qu'on voit comme destinée
Selon le souffle du vent

C'est évident

Au nom de la vérité
Du bon blé,
L'assermenté dépérit.
Tout se dit
Dans les couloirs du forum.
Au summum,

On égare sans façon
Sa raison.

Mais cela vaut moins qu'hier.
On est fier
De la chaleur du soleil
Tout pareil
À l'horizon, fatigué
Par les rêves oubliés
Qui s'étire, nonchalant.

C'est évident

Chaque fois que la douceur
Dans le cœur
Fait gonfler un sentiment
Impuissant,
Le très haut raisonne avec
Un coup sec
Et l'on se dit d'un regard
Qu'il est tard.

Ciel, que la fatalité
Du passé,
Pis que semelles de plomb,
De béton,
Fait avorter dans le nid
La beauté de l'infini,
Le sourire des enfants...

C'est évident

Que se révolte un beau jour
Notre amour
Contre l'endormissement
Négligeant
De notre vieil horloger

Déprimé
Par tant de soleils perdus
Disparus.

TUBA MIRUM

Solennel, un son étourdissant,
Entre la rose et le tympan,
Fait trembler toutes les colonnes.
Le monde est sans secours. Il tonne.
Front à terre, les réguliers
Entourent le haut escalier
Des conquêtes et des voyages.
Les yeux, éblouis par l'orage,
Consultent les points cardinaux
Mais rien n'apaise les échos
Terribles de la conscience.
Où mène cette expérience ?
Il faut comprendre à ce moment
La fin et le commencement.
Une colère singulière
Arrive, par les vents arrière,
Montrant l'inexorable nuit.
Trop tard. Trop tard. Le temps s'enfuit.
L'ouragan dévaste la plaine.
La frayeur s'étend sur la scène.
À l'unisson des profondeurs,
On entendrait battre son cœur.

Verdi. Requiem

Table des matières

C'est Bach, l'indiscutable 7
Grande roue 8
C'était un poète aux champs 10
Langue de feu 12
Tout finissait par des chansons 14
Des minuits où tout s'arrête 17
Tout est 19
C'est facile 22
Rien qu'une journée 25
Le chanteur de charme 27
Se croit rebelle 28
Le temps s'en moque 30
Faire ensemble un voyage 33
Ne pleurez pas 35
Poids et mesure 37
Poupée 39
Générations 41
Nom commun 43
Vivre d'amour 45
Musique, soleil 46
Pâques 47
Sur la lune 49
L'alphabet de Mozart 52
Rôles fabuleux 53
On y croit 55
Ce qui ne sert à rien 57
Oui pour aujourd'hui 58
À qui ? 59
Montages 61
Sans musique 63
Le soleil bientôt doit briller 65
Hymne 67

Voici l'amour dans sa douceur..................68
Ça ressemble à la vie..................70
En rêvant..................72
Java limite..................75
Que la vie est douce..................78
Menuet des jours..................80
Automate..................82
Poésie..................84
Musique sacrée..................87
Ténor..................88
VÉ-I-Pé..................92
La catastrophe ambulante..................95
Toujours le vrai partir..................97
Le dernier tour..................99
Au lieu d'être vivant..................104
Cerise..................107
Évident..................108
Tuba mirum..................111

Photographie de couverture : Annie VALLOIRE

M.KISSINE
2 Rue de la Fourche
25700 Valentigney
FRANCE

m.kissine@gmail.com
Lien commercial : lulu.com/M.KISSINE

9782919390380
Dépôt légal 2016
--

(2482 vers)

www.ingramcontent.com/pod-product-compliance
Lightning Source LLC
LaVergne TN
LVHW051655080426
835511LV00017B/2587